T0102376

ÁMSTERDAM

GUÍA DE LAS 30 MEJORES EXPERIENCIAS

ESCRITO POR BENOIT ZANTE
FOTOS DE PAULINE WALZAK
ILUSTRADO POR PHILIPPINE LUGOL

EDITORIAL JONGLEZ

Guías de viaje

"ALGUNOS TURISTAS PIENSAN QUE ÁMSTERDAM ES LA CIUDAD DEL PECADO, PERO EN REALIDAD, ES LA CIUDAD DE LA LIBERTAD"

JOHN GREEN, ESCRITOR NORTEAMERICANO

¿Por qué nos gusta Ámsterdam?

Se sigue vinculando Ámsterdam con los *coffee shops*, el mercado de las flores y el barrio rojo, que cada año recorren millones de turistas venidos del mundo entero, atraídos, entre otras cosas, por su espíritu de libertad. Sin embargo, Ámsterdam es mucho más que estos tópicos.

Esta ciudad dinámica y abierta, surcada por canales, puede recorrerse a pie, en bici o incluso en barca. De dimensiones relativamente modestas, con una densidad de población baja y numerosos parques, sus habitantes gozan de una calidad de vida poco habitual para una ciudad de este tamaño. Pero, sobre todo, Ámsterdam no se ha dormido en los laureles: la ciudad muestra constantemente su capacidad de reinventarse, de mantenerse a la vanguardia de la modernidad. Es todo un símbolo: en el casco antiguo, casas centenarias, a menudo inclinadas, conviven con las empresas y marcas más innovadoras del momento.

El objetivo de esta guía no es ofrecerte una visión exhaustiva de esta ciudad en constante reinvención – para eso ya hay muchos libros –, sino enseñarte su diversidad a través de una selección de experiencias que te ayudarán a captar el alma de Ámsterdam. ¡Vas a tener ganas de pasar más de un fin de semana aquí!

EN ESTA GUÍA
NO VAS A ENCONTRAR

- La guía del barrio rojo
- El plano del metro
- El mapa de los *coffee shops*

EN ESTA GUÍA
SÍ VAS A ENCONTRAR

- Una azotea donde meter los pies en el agua
- Los mejores lugares donde darse un chapuzón
- La cervecería en la que beber una cerveza a la sombra de un molino
- Los mercados por los que pasear y descubrir las especialidades locales
- Cómo dormir en medio de los canales

SÍMBOLOS DE
"ÁMSTERDAM"

Menos
de 20 €

De 20
a 50 €

Más
de 100 €

Se recomienda
reservar

100%
Ámsterdam

Ir en bici

30 EXPERIENCIAS

#01

COMER ARENQUES
AL ESTILO NEERLANDÉS

Hace tiempo que los barcos de pesca abandonaron el puerto de Ámsterdam – si quieres ver alguno tienes que recorrer unos diez kilómetros en bici hasta Volendam o Marken. Pero esto no implica que la ciudad haya renegado de su pasado portuario.

En los distintos puestos de pescado del centro de la ciudad puedes probar arenques crudos, recién pescados (*verse haring*) o en salazón (*zure haring*), según la temporada. Aunque algunos los comen con cebolla y pepinillos, en un bocadillo (*broodje haring*), la forma tradicional es metiéndotelo directamente en la garganta...

STUBBE'S HARING
SINGEL HAARLINGERSLUIS

En el puente entre el canal
Singel y Haarlemmstraat

HARING & ZO
NIEUWEZIJDS VOORBURGWAL 200

Detrás del Palacio Real
haringenzo.nl

ARENQUES
AL ESTILO
NEERLANDÉS

Hay dos maneras de comerlos. Instrucciones:

metiéndotelo
directamente
en la garganta

con cebolla
y pepinillos,
en un bocadillo

CÓCTELES EN UNA AZOTEA, **CON LOS PIES EN EL AGUA**

Después de pasar el día recorriendo las calles de la ciudad a pie o en bici, o visitando el Rijksmuseum, es hora de tomar altura... a pocos metros de la plaza Dam, la azotea del hotel W esconde una piscina alargada. El lugar perfecto para disfrutar de un cóctel con los pies metidos en el agua, mientras esperas la puesta de sol.

 W LOUNGE
SPUISTRAAT 175

wloungeamsterdam.com

COLARSE
EN LOS JARDINES COMUNITARIOS

Los *volkstuin* (jardines comunitarios) son una institución en la ciudad desde finales del siglo XIX: algunos tienen una casa pequeña, otros son simples huertas, pero cada uno con su propia personalidad. En la actualidad, quienes quieren un jardín comunitario tienen que esperar hasta diez años para poder alquilar uno en uno de los 29 *volkstuinpark* de la ciudad... Puedes pasear por algunos de sus caminos en los primeros días de primavera: como es el caso de los jardines más céntricos, situados en el corazón de Westerpark.

SLOTERDIJKERMEER
SLOTERDIJKERWEG 20

275 jardines
sloterdijkermeer.nl/15v1

NUT EN GENOEGEN
SLOTERDIJKERWEG 22

375 jardines
nutengenoegen.amsterdam
instagram.com/nutengenoegen

04

UNA *APPELTAART*
A ORILLAS DEL CANAL

Las tartas de manzana de este café del Jordaan tienen fama de ser las mejores de la ciudad. ¿El secreto? Sus generosos trozos de manzana, un hojaldre esponjoso y crujiente y un poco de crema *chantilly*... No es de extrañar que la cola delante de Winkel43, en la que se mezclan turistas y lugareños atraídos por el olor de las tartas horneándose, crezca rápidamente en cuanto el sol despunta...sobre todo los días de mercado en Noordermarkt (alimentos orgánicos los sábados, antigüedades los lunes), justo al lado.

Si quieres ahorrar tiempo, pide la tarta para llevar y degústala a orillas del canal unos metros más lejos.

 WINKEL43
NOORDERMARKT 43

€ ⊏

winkel43.nl/en

23

05

UN OASIS
DE PAZ

Cuando cruzas las puertas de este palacete, resulta difícil creer que sigues en el bullicio de Ámsterdam. Este oasis de paz se construyó sobre las ruinas de un antiguo teatro y su restaurante con estrella Michelin ocupa los muros de una panadería de 1797. Este hotel, con sus cómodas habitaciones, sus *suites* dúplex abuhardilladas y grandes ventanas con vistas al canal o al jardín interior, es probablemente el mejor lugar donde dormir en Ámsterdam.

THE DYLAN
KEIZERSGRACHT 384

dylanamsterdam.com

#06

LA CERVECERÍA ARTESANAL
QUE HA DEJADO HUELLA
EN LA CIUDAD DE HEINEKEN

Desde que se fundó a mediados de los años 1980, esta cervecería artesanal ha conseguido que sus Flink (rubia), IjWit (blanca), IPA o Zatte (triple) tengan su lugar en casi todos los bares de la ciudad.

La mejor manera de descubrir las cervezas clásicas y las ediciones limitadas de Brouwerij 't IJ es ir directamente donde empezó todo: a la sombra del molino Gooyer, en los antiguos baños públicos de la ciudad, convertidos en sala de catas.

BROUWERIJ 'T IJ
FUNENKADE 7

+31 20 2619801

info@brouwerijhetij.nl
brouwerijhetij.nl

© BROUWERIJ T IJ

– **WOUTER TROELSTRA** –

DESDE 2010, WOUTER RECORRE LOS BARES Y RESTAURANTES DE ÁMSTERDAM
PARA DAR A CONOCER LAS CERVEZAS DE LA BROUWERIJ 'T IJ...

¿Qué tiene de especial la cervecería IJ?

Se fundó en 1985. En aquella época era la primera cervecería artesanal de la ciudad. En Ámsterdam solo se hacían cervezas *lager*. Hoy hay unas 50 cervecerías, cuando hace 10 años solo había 9. Los tiempos han cambiado. Nuestra especialidad es que elaboramos nuestra propia levadura: la utilizamos en la mayoría de nuestras recetas y es lo que les da su carácter único. Durante la fermentación, nuestra levadura produce aromas afrutados, lo que hace que nuestras cervezas sean fáciles de beber. Es muy importante para nosotros que las cervezas sean equilibradas y no demasiado extremas.

¿A qué se debe el dinamismo de la cerveza artesanal en Ámsterdam?

Las cervezas especiales empezaron a ser populares en Holanda a principios de los años 2010 y el número de cervecerías creció exponencialmente en pocos años. No hay ninguna otra ciudad holandesa que tenga tantos bares y restaurantes, y eso brinda muchas oportunidades a las microcervecerías de la ciudad y contribuye al dinamismo de las cervezas locales.

¿Cómo definirías Ámsterdam en pocas palabras?

Abierta, de espíritu libre, directa y multicultural. Sin olvidar nuestra pasión por las bicis.

¿Cuáles son tus lugares favoritos en Ámsterdam dónde disfrutar de una cerveza?

Si hace bueno, me encontraréis tomando una Biri en Waterkant (a orillas del Singel) o una IJwit en el Café Fonteyn, en el centro. Y si llueve, en el Café de Tuin, en el Jordaan, con una Zatte en la mano.

© BROUWERIJ T IJ

EL RESTAURANTE
DE LAS MAMÁS

Puede que la cocina tradicional neerlandesa no sea la más famosa del mundo, pero si hay un lugar donde probarla, ese es Moeders (mamás, en neerlandés), bajo la mirada de las fotos familiares que revisten las paredes. De hecho, puedes traer tu propia foto para completar la colección. Aquí, puedes probar el *stamppot* (puré de coliflor y patatas), el *suddervlees* (estofado de ternera), el *erwtensoep* (sopa de guisantes) o simplemente optar por el *rijsttafel* holandés, un surtido de especialidades locales inspiradas en la tradición indonesia de las "mesas de arroz".

Por cierto, no te sorprendas si la vajilla desentona: es la que trajeron los invitados a la inauguración en 1990.

MOEDERS
ROZENGRACHT 251

moeders.com/en

PARK SOMERLUST,
KORTE
OUDERKERKERDIJK 16

MARINETERREIN
KATTENBURGERSTRAAT 5

ZUIDERBAD
HOBBEMASTRAAT 26

marineterrein.nl

amsterdam.nl/zuiderbad

LOS LUGARES DONDE LOS NEERLANDESES **VAN A DARSE UN CHAPUZÓN**

Es bastante desaconsejable nadar en los estrechos canales del centro de la ciudad – y no solo debido a la cantidad de barcos turísticos, barcazas y a veces las chalanas que circulan. Pero es comprensible que cuando hace buen tiempo toda esa agua te despierten las ganas de darte un baño en los canales...

Si quieres darte un chapuzón, o dar algunas brazadas, tienes que hacer como los neerlandeses y alejarte un poco del centro para extender tu toalla a orillas del Amstel, donde el canal se ensancha. Otra opción: el lago de Marineterrein, un terreno militar frente al Nemo Museum, con trampolines y carriles de natación.

Y si hace demasiado frío, siempre tienes la opción de refugiarte en la piscina Zuiderbad, en el barrio de los museos. Su techo con ventanas, sus cabinas de época y su majestuosa fuente al final de la piscina, te sumergen en un ambiente de principios del siglo XX, en la época en que transformaron esta antigua escuela de ciclismo en una piscina.

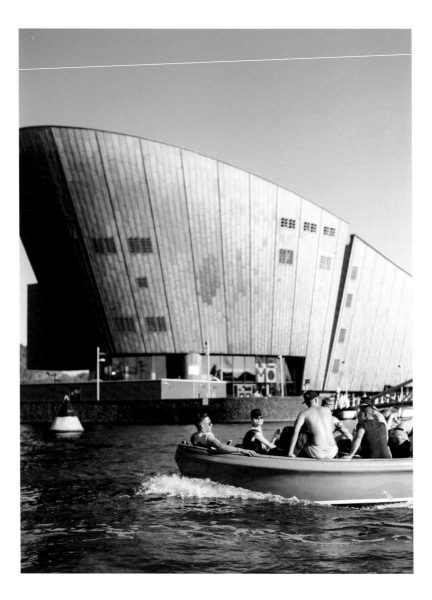

EL MERCADO
MÁS POPULAR

¿Albert Cuypmarkt, en el centro del barrio de moda De Pijp, o Bloemenmarkt, el mercado de las flores a orillas del Singel? Demasiado turísticos. El mercado que no puedes perderte es el de Dappermarkt, entre Mauritskade y Wijttenbachstraat. Es menos céntrico, pero mucho más popular y variado.

Los 250 comerciantes de Dappermarkt, instalados en la zona más cosmopolita de Ámsterdam, ofrecen cada día – salvo los domingos – quesos, panes, verdura, ropa, flores, accesorios y comida callejera.

 **DAPPERMARKT**
DAPPERSTRAAT

dappermarkt.nl

¿QUÉ COMPRAR
EN LOS MERCADOS
NEERLANDESES?

POFFERTJES: esas tortitas esponjosas, típicas de los mercados neerlandeses, hechas con levadura y trigo sarraceno.

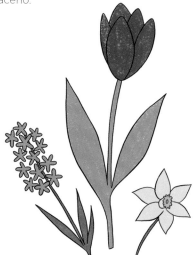

FLORES Y BULBOS: los Países Bajos son de los primeros productores mundiales de tulipanes, jacintos, nardos y narcisos. Estas flores se cultivan por sus bulbos, fáciles de transportar al otro lado del mundo.

COMIDA CALLEJERA: si quieres comer algo distinto a los cucuruchos de patatas fritas y a las *bitterballen*, los mercados de Ámsterdam son el lugar perfecto para probar las especialidades de Indonesia y Surinam (dos antiguas colonias neerlandesas), así como de Vietnam y de Oriente Medio.

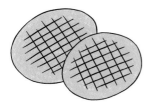

STROOPWAFELS:
estos "gofres de sirope" se hacen con dos trozos de gofre rellenos de sirope de caramelo. Se comen calientes.

QUESOS: los Países Bajos son conocidos obviamente por sus distintas variedades de gouda y por el edam..., pero también merece la pena probar otros quesos duros como los *geitenkaas*, de cabra, o el Delfts Blauw, un queso azul de la región de Delft.

#10

DORMIR EN LAS GARITAS DE LOS ANTIGUOS GUARDIAS DE LOS PUENTES MÓVILES

Con el tiempo, las garitas de los antiguos guardianes de los puentes móviles situadas a lo largo de los canales han sido rehabilitados como hoteles pequeños, a veces suspendidos literalmente sobre el agua.

Cada habitación es única: algunas están en el corazón de barrios animados, otras ofrecen unas vistas impresionantes a extensiones de agua tranquilas… Hay para todos los bolsillos: desde 120 € la noche, hasta más de 1000 € en el Amstelschutsluis, un monumento nacional en medio del Amstel, al que solo se puede acceder en barco.

SWEETSHOTEL

+31 20 7401010

sweetshotel.amsterdam
post@sweetshotel.amsterdam

#11

EL RESTAURANTE DE LOS CLIENTES ASIDUOS
DEL BARRIO DE PIJP

Una sola mesa y decenas de platos coloridos, de temporada y vegetarianos, a veces originales, pero siempre deliciosos. A menudo te dan ganas de probarlo todos, y puedes porque los platos se venden al peso. Sentarse a la mesa de Olive & Cookie es tener la certeza de ver a los asiduos del barrio De Pijp comprar la comida de Sandra y Peter para comérsela en casa. Importante: el restaurante cierra por la noche, en cuanto han vendido todo lo que han cocinado por la mañana.

OLIVE & COOKIE
SAENREDAMSTRAAT 67

oliveandcookie.com

UNA TERMINAL
DE TRANSATLÁNTICOS
TRANSFORMADA EN
UN HOTEL ECOLÓGICO

De 1910 a 1970, Java Eiland fue el puerto de salida de los transatlánticos que partían rumbo a Indonesia (o más exactamente a las Indias Orientales Neerlandesas hasta 1949). Hoy, el antiguo embarcadero se ha convertido en un hotel de lujo, aunque ecológico: con su estructura de madera y su diseño respetuoso con el medioambiente, el hotel Jakarta es el más "verde" de la ciudad. Sus habitaciones de inspiración indonesia, su coctelería en la última planta y sus amplios ventanales con vistas al río IJ ofrecen un entorno ideal para soñar con tierras lejanas. ¿La estrella del espectáculo? Su majestuoso jardín interior, con plátanos, palmeras de un metro de alto y flora tropical, que se pueden ver desde una pasarela de madera.

 HOTEL JAKARTA AMSTERDAM
JAVAKADE 766

+31 20 2360000 | hoteljakarta.com

13

THEATRE OF FISH

UN ESPECTÁCULO
A LA GLORIA
DEL PESCADO

Al igual que en las lonjas, en Pesca no tienen carta: eliges el pulpo, el pez espada o el besugo en el puesto. El ruido de la campana que anuncia la bajada de precios para acabar con el producto ameniza la velada. La cena se prepara a continuación en la gran cocina abierta, o directamente en la mesa si hay que asar las sardinas. Ya solo queda elegir el vino que mejor marida con el plato siguiendo las sugerencias del sumiller y ... disfrutar del espectáculo.

PESCA
ROZENGRACHT 133

pesca.restaurant

#14

DESCUBRIR EL BOSQUE DE ÁMSTERDAM
EN UN TRANVÍA HISTÓRICO

¿Quién se iba a imaginar que Ámsterdam tiene uno de los bosques urbanos más grandes de Europa? Con una superficie tres veces mayor que la de Central Park en Nueva York, Amsterdamse Bos se explora en bici, evidentemente. Pero la mejor manera de descubrirla es a bordo del histórico tranvía de la línea 30, que recorre 7 kilómetros (ida y vuelta) desde la estación de Haarlemmermeer hasta el bosque, todos los domingos de Semana Santa a octubre. También se organizan visitas temáticas durante el año, como la del día de San Nicolás.

ESTACIÓN DE HAARLEMMERMEER

El domingo de Semana Santa a octubre; salida cada 30 minutos

museumtramlijn.org/EN/tramrides.php

CENAR
EN UN INVERNADERO

Situado en el corazón del parque Frankendael, al este de la ciudad, el famoso restaurante De Kas se reconoce enseguida por su gran invernadero... que no es solo un elemento decorativo: junto con el jardín contiguo, en él se cultivan las verduras que componen los platos que se sirven en el restaurante. Una granja ecológica al norte de Ámsterdam completa el resto de ingredientes. El compromiso es sencillo: lo que hay en tu plato se ha seleccionado por la mañana. ¡Más fresco imposible!

DE KAS
KAMERLINGH ONNESLAAN 3

+31 20 4624562

info@restaurantdekas.nl
restaurantdekas.com

EL TOSTADOR DE CAFÉ
RESPONSABLE

Desde el siglo XVI, los Países Bajos ocupan un lugar especial en el mercado mundial del café: los colonos neerlandeses desarrollaron el cultivo del café en Indonesia y Surinam, antes de que el país se convirtiera en un centro de importación. Hoy, una nueva generación de tostadores de café renueva el género, como Menno, que creó Bocca tras viajar a Etiopía. Su lema: un café de comercio justo, cuya trazabilidad se controla desde la plantación hasta la taza. Puedes degustarlo en su café de Kerkstraat.

BOCCA
KERKSTRAAT 96

info@bocca.nl
bocca.nl

# #
17

EL RESTAURANTE PARA
VIAJAR A INDONESIA

Los inmigrantes indonesios trajeron consigo a Ámsterdam sus recetas y la tradición de la "mesa de arroz" (o *rijsttafel* en neerlandés): un auténtico festival de platos y sabores. En Blauw, este menú tradicional consta de hasta 16 platos diferentes, todos igual de ricos, para compartir. *Udang goreng* (gambas picantes), *gado-gado* (ensalada de verduras), tempeh con salsa sambal, sate *ayam* (brochetas de pollo satay), *pisang goreng* (plátanos fritos) ... Cada platillo es un viaje en sí mismo.

 BLAUW
AMSTELVEENSEWEG 158-160

restaurantblauw.nl

#18

EL ANTIGUO ASTILLERO
CONVERTIDO EN BARRIO DE MODA

En vísperas de la Segunda Guerra Mundial, NDSM era el mayor astillero del mundo. Estatus que mantuvo hasta los años 1960, cuando fue decayendo gradualmente.

Hoy, esta zona industrial en desuso, a la que se accede en pocos minutos en ferri desde la Estación Central, se ha convertido en una zona dinámica en plena transformación, donde conviven proyectos inmobiliarios, restaurantes, cafés y talleres de artistas...

MUELLE DEL NDSM

Desde Station Amsterdam Centraal, los ferris salen
cada 15 minutos en las horas punta, cada 30 en las horas valle.
Hasta las 3 de la madrugada sábados y domingos

ndsm.nl

Van Dijk
and Ko

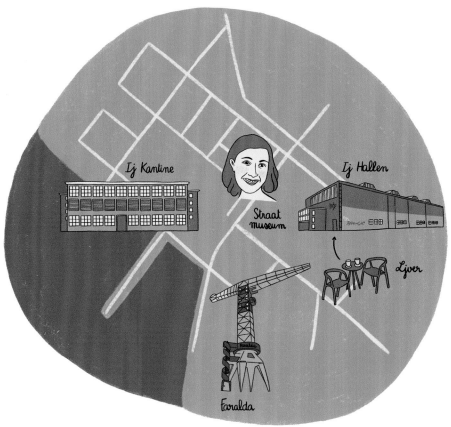

Ij Kantine

Straat
museum

Ij Hallen

Ljver

Faralda

De Ceuvel

PLLEK

STRAAT MUSEUM

VAN DIJK AND KO

IJVER

PLLEK
NEVERITAWEG 59
Per para tomar algo con los pies en la arena
pllek.nl

STRAAT MUSEUM
NDSM-PLEIN 1
El museo del arte callejero
straatmuseum.com/en

VAN DIJK AND KO
PAPAVERWEG 46
2500 m² de almacenes donde comprar antigüedades
vandijkenko.nl

IJVER
SCHEEPSBOUWKADE 72
Para probar una de sus 30 cervezas de barril
ijveramsterdam.nl

DE CEUVEL
KORTE PAPAVERWEG 4
Para un café a orillas del agua
deceuvel.nl

DE CEUVEL

UN DESCANSO
ENTRE BONSÁIS

Los diseñadores de la empresa japonesa Time & Style eligieron un antiguo cuartel de policía del Jordaan para establecerse. Repartidos en cinco plantas, muebles, lámparas, cerámicas y objetos únicos proyectan el arte de vivir japonés... Sin embargo, el secreto mejor guardado del edificio es su jardín de bonsáis y su terraza con vistas al canal.

TIENDA TIME & STYLE
MARNIXSTRAAT 148

+31 20 2103176   timeandstyle.com/amsterdam

継承と創造

Rund   Bouillabaisse   Thom-Kah-Kai   Spinazie-Oude Kaas   Truffel

© DE BALLENBAR

© DE BALLENBAR

© DE BALLENBAR

LAS MEJORES
BITTERBALLEN
DE LA CIUDAD

Las *kroketten* y las *bitterballen* son de cata obligada en los bares neerlandeses: esta mezcla de pan rallado, carne, caldo, mantequilla y harina es el acompañamiento perfecto para los aperitivos. Lo único que las diferencia es su forma: redonda para las *bitterballen*, alargada para las croquetas. La versión tradicional se sirve en la barra de Van Dobben. Si buscas un estilo más moderno tienes que ir al Ballenbar, del chef con estrella Peter Gast y su antiguo ayudante de cocina, Jeroen Elijzen: en el corazón del FoodHallen Amsterdam, renuevan el género con *bitterballen* veganas, de trufa, de bullabesa o de curry verde.

 VAN DOBBEN
KORTE REGULIERSDWARSSTRAAT 5-7-9

eetsalonvandobben.nl

DE BALLENBAR
FOODHALLEN -
HANNIE DANKBAARPASSAGE 16

deballenbar.com

#21

ARTE, CIENCIA
Y GASTRONOMÍA

Mediamatic, punto de encuentro entre el arte y la ciencia, es un lugar atípico, ubicado desde 2015 a pocos metros de la Estación Central. Con la ayuda de su vecino Hannekes Boom, un bar que ahora se llena de gente cuando hace buen tiempo, Mediamatic le ha dado vida a este barrio que fue tierra de nadie durante mucho tiempo.

Además de sus exposiciones y experimentos de artistas residentes, el restaurante Mediamatic Eten ofrece menús sorprendentes, cuyos ingredientes se elaboran a menudo *in situ*. Puedes degustarlos en uno de los "invernaderos privados" situados frente al canal.

 MEDIAMATIC BIOTOOP DIJKSPARK
DIJKSPARK 6

Visita guiada a las instalaciones los viernes

mediamatic.net

# #
22

¿CAFÉ MARRÓN
O CAFÉ BLANCO?

Para hacer un descanso durante el día, hay dos tipos de cafés: los tradicionales cafés marrones (bruin café) y los cafés blancos. Con sus paredes de madera oscura marcadas por el tiempo, los marrones son refugios históricos que no puedes no visitar. Los blancos, sin embargo, son mucho más elegantes y luminosos, pero mucho menos típicos de Ámsterdam.

> ### CAFÉ HOPPE

Cafe Hoppe, en el centro de la ciudad, al lado de Begijnhof (beguinaje), es uno de los cafés más antiguos de la ciudad: con su enorme mostrador de madera, sus pinturas antiguas y sus revestimientos de madera, es un perfecto ejemplo de café marrón.

€

📍 **CAFÉ HOPPE**
SPUI 18-20

+31 20 4204420   cafehoppe.com

> CAFÉ DE JAREN

A unos cientos de metros, el Café De Jaren (café blanco) impresiona por su luminoso techo de cristal y su terraza sobre pilotes que domina el Amstel.

CAFÉ DE JAREN
NEW DOELENSTRAAT 20

€

+31 20 6255771

cafedejaren.nl

OTROS CAFÉS MARRONES...

Café Chris, el más antiguo
Bloemstraat 42
+31 20 6245942 – cafechris.nl

Café De Tuin, el más grande
Tweede Tuindwarsstraat 13
+31 20 6244559

De Pels, el más intelectual
Huidenstraat 25
+31 20 6229037 – cafedepels.nl

Café T'Mandje, el más LGTB-friendly
Zeedijk 63
cafetmandje.amsterdam

CAFÉ HOPPE

UNA TARDE
EN LA GRANJA

Mirando a las ovejas pastar mientras comes un *broodje* (el sándwich tradicional neerlandés) y bebes una Bionade de saúco, cuesta creer que sigues en medio de una ajetreada capital. Sin embargo, Westerpark tiene una tranquila granja, a unos 15 minutos en bici de la Estación Central... Puedes pararte aquí para comer algo y reponer fuerzas antes de tomar el ferri en NDSM (en Pontsteiger) o visitar Het Schip, el museo dedicado a la arquitectura de la Escuela de Ámsterdam.

También puedes quedarte más tiempo y disfrutar del ambiente rural y sencillo y meterte en una clase de yoga.

📍 **BUURTBOERDERIJ 'ONS GENOEGEN'**
SPAARNDAMMERDIJK 319

+33 20 3376820

buurtboerderij.nl
info@buurtboerderij.nl

EL RESTAURANTE IMPRESCINDIBLE
DEL BARRIO DE DE PIJP

¿Una magdalena de *kimchi*? ¿Un melocotón asado con garbanzos? ¿Tempura de brotes de brócoli? ¿Unos gnudi con queso ricotta? ¿Un cóctel de beicon? El menú cambia a menudo, pero Little Collins siempre guarda alguna sorpresa en la carta. Con una terraza siempre llena cuando hace buen tiempo, este restaurante, en el barrio de De Pijp, es de visita obligada si quieres un *brunch* o cenar platos compartidos de sabores insólitos.

LITTLE COLLINS
EERSTE SWEELINCKSTRAAT 19F

+31 20 7539636

littlecollins.nl

UNA SESIÓN DE CINE
EN UN TEATRO MÍTICO

Cuando el Theater Tuschinski se inauguró en 1921, su mezcla de géneros impactó a los amsterdameses: su arquitecto se inspiró en el *art déco*, el *art nouveau* y la Escuela de Ámsterdam para crear un edificio insólito, a dos pasos de Rembrandtplein.

Desde entonces, los amsterdameses han acogido por completo este cine, que ha sufrido varias reformas. Hoy es el majestuoso escenario de los estrenos cinematográficos del país. Puedes entrar para ver una superproducción de Hollywood en la sala grande, con sus lámparas de araña y su órgano de época. O simplemente puedes cruzar las puertas para admirar la decoración de su monumental alfombra, traída en avión desde Marruecos en una sola pieza.

THEATER TUSCHINSKI
REGULIERSBREESTRAAT 26-34

pathe.nl/bioscoop/tuschinski

© PATHÉ

© VAN MOOF

– **TACO CARLIER** –

FUNDADOR DE VANMOOF

EN 2009, TACO CREÓ EN ÁMSTERDAM, JUNTO CON SU HERMANO TIES, LA MARCA DE BICICLETAS VANMOOF. SU AMBICIÓN: DISEÑAR LA BICICLETA URBANA PERFECTA INCORPORANDO ASISTENCIA ELÉCTRICA AL PEDALEO. SUS MODELOS SE VENDEN EN EL MUNDO ENTERO.

¿Cómo explicas la increíble popularidad de la bici en los Países Bajos?

El país reúne todas las condiciones para el ciclismo: es llano, las ciudades son pequeñas y el clima es propicio para la bicicleta. La buena noticia es que, gracias a las bicicletas eléctricas, ahora otros países con las mismas condiciones ideales pueden beneficiarse...

¿Qué hace que tus bicicletas sean distintas a las demás?

Nuestra idea es convertir la bicicleta eléctrica en el transporte por defecto en las ciudades. Nos lo hemos replanteado todo, desde el diseño de la bicicleta hasta la manera de llevarla.

A diferencia de lo que suele pasar, lo hacemos todo, de principio a fin.

¿Cómo nació esta idea?

Todo empezó en Nueva York, y no en Ámsterdam. Mi hermano Ties y yo estábamos de viaje de negocios. Allí alquilamos una bicicleta y descubrimos lo agradable que era ir en bici por Nueva York. Pero, sorprendentemente, había muy pocos ciclistas... Fue entonces cuando decidimos combinar la experiencia ciclista neerlandesa con las últimas tecnologías para crear VanMoof.

Pedalear por primera vez en Ámsterdam puede ser estresante para alguien que no está acostumbrado: ¿algún consejo de supervivencia?

Mantener la calma, no tener prisa, y todo irá bien.

¿Cuáles son tus lugares favoritos en Ámsterdam para pasear en bicicleta?

Los canales, por supuesto, y sobre todo por la noche, cuando reina la calma. El río Amstel también es un paseo fantástico. Para una excursión de un día, recomiendo ir a Marken, bordeando el lago IJssel (IJsselmeer en neerlandés), o ir hasta la playa pasando por Haarlem y luego por las dunas.

© VAN MOOF

# #
26

ENTENDER TODO
DE LOS CANALES
DE ÁMSTERDAM

¿Cómo se mide el nivel del agua en los canales? ¿Por qué se dice que Ámsterdam se construyó sobre un bosque? ¿Cómo se mantienen los 75 kilómetros de canales?

Para conocer las respuestas a todas estas preguntas, hay que ir a Het Grachtenhuis, "la casa del canal".

Este palacete del siglo XVII a orillas del Herengracht muestra toda la historia de los canales y de la ciudad a través de un recorrido inmersivo y numerosas maquetas. ¡No te vayas del palacete sin visitar el jardín interior!

HET GRACHTENHUIS
HERENGRACHT 386

grachten.museum/en

#27

UN *BRUNCH*
EN EL JARDÍN
DEL HERMITAGE

El pequeño jardín situado detrás del museo Hermitage alberga el restaurante Hoftuin de Dignita, una empresa social.

Tras visitar el museo o el jardín botánico, a pocos pasos, este lugar ofrece un agradable descanso mientras degustas sus famosos pasteles: tartas de zanahoria, de manzana, de avellanas y peras, brownies de café... Pero también crepes rellenas de mango marinada con canela y anís, por ejemplo.

📍 **DIGNITA HOFTUIN**
NIEUWE HERENGRACHT 18A

eatwelldogood.nl/en/dignita-hoftuin

#28

EL HOTEL
INCLASIFICABLE

¿Un hotel? ¿Apartamentos para pasar una noche o un mes? ¿Un espacio de trabajo compartido? ¿Un café saludable? Zoku es una mezcla de todo esto y pretende revolucionar el mundo de la hostelería con su concepto híbrido que no encaja en ninguna categoría. No hace falta pasar la noche allí para disfrutar de su encanto: su terraza en la azotea con invernaderos está abierto para todo el mundo, para desayunar, para un café o para una cena con vistas.

ZOKU
WEESPERSTRAAT 105

livezoku.com

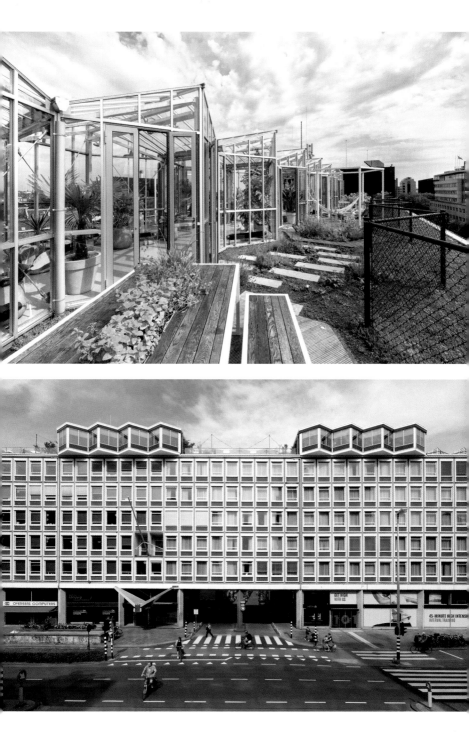

#29

EXPLORAR LA CIUDAD
HACIENDO PADDLE SURF

Cuando el tiempo lo permite, Morene Dekker y su equipo ofrecen recorridos por la ciudad practicando paddle surf, para todos los niveles.

Los principiantes pueden tomar un curso para aprender lo básico, mientras que los más experimentados pueden hacer una excursión de más de dos horas los jueves por la tarde desde Zeeburg hacia el centro de la ciudad, o los jueves por la mañana desde la playa de IJburg hasta el castillo de Muiden. Los miércoles y domingos por la mañana se puede incluso hacer una clase de yoga sobre una tabla, en medio del agua.

© M M S U P

MM SUP
 PLAYA DE IJBURG (PAMPUSLAAN 500)
Y ZEEBURGERPAD 10

mm-sup.com

# #
30

UNA COMIDA INOLVIDABLE
EN UNA ISLA ATEMPORAL

Vuurtoreneiland (isla del faro) es una isla pequeña situada a unos diez kilómetros del centro de Ámsterdam, a la que solo se puede acceder en barco... La única manera de llegar es reservando una mesa en el restaurante que hay allí. Tiempo estimado para llegar: unas cinco horas para una aventura única.

En invierno, la comida se sirve junto al fuego, en el antiguo fuerte que protegía Ámsterdam de los ataques prusianos. En verano, se sirve en un gran invernadero con vistas al agua, en medio de la naturaleza.

El menú de cinco platos está diseñado en torno a las verduras locales y de temporada, acompañadas con carne y pescado, todo ello cocinado lentamente con fuego de leña.

VUURTORENEILAND
SALIDA ENFRENTE DEL LLOYD HOTEL,
OOSTELIJKE HANDELSKADE 34

Las reservas abren dos meses antes.
Excursión en barco con visita guiada el tercer viernes de mes por la tarde (sin almuerzo ni cena en el restaurante).

vuurtoreneiland.nl

En esta colección,
nunca os desvelamos el lugar 31 porque es
demasiado confidencial. Te toca a ti encontrarlo.

# #
31

EL BÚNKER SECRETO
DE VONDELPARK

Recuerdo de la guerra, el parque más céntrico de Ámsterdam
tiene un búnker que, siguiendo la tradición de los lugares
autogestionados que han ido surgiendo en Ámsterdam desde
los años 1960, ocupa un colectivo que organiza regularmente
veladas de música electrónica, proyecciones, exposiciones
y conciertos... Pero ya te hemos contado demasiado: te toca
encontrar la puerta de entrada.

€

📍 **PUNTO DE PARTIDA:**
VONDELPARK

Busca el refugio antiaéreo de Vondelpark... o su página web,
donde encontrarás el programa.

love is an art
Art is a choice
Choice is freedom
Freedom is an expression
Vondellumber
is an expression of love

YOUNG

ROCK

121

AGRADECIMIENTOS

FANY por su amistad, su curiosidad y su entusiasmo.

CAMILLE por haberme dado la oportunidad de descubrir el alma de Ámsterdam.

MAUD, RENZO, MANU, GUI, SAMI, BABAK Y STEVEN por haberme acogido en la que ahora es su ciudad.

NATHALIE, CLÉMENCE, EMMANUELLE, PAULINE Y PHILIPPINE por su estimable ayuda.

THOMAS, por ser nuestro líder de expedición.

Este libro ha visto la luz gracias a:
Benoit Zante, autor
Pauline Walzak, fotógrafo
Philippine Lugol, ilustradora
Emmanuelle Willard Toulemonde, maquetación
Patricia Peyrelongue, traducción
Anahí Fernández Lencina, corrección de estilo
Lourdes Pozo, revisión de estilo
Clémence Mathé, edición

Escríbenos a contact@soul-of-cities.com
Síguenos en Instagram @soul_of_guides

GRACIAS

En la misma colección

Kioto

Soul of Atenas

Soul of Barcelona

Soul of Berlín

Soul of Lisbon

Soul of Los Ángeles

Soul of Marrakech

Soul of Nueva York

Soul of Roma

Soul of Tokyo

Soul of Venecia

© JONGLEZ 2023
Depósito legal: Abril 2023 - Edición: 01
ISBN: 978-2-36195-500-7
Impreso en Slovaquia por Polygraf